La Aventura del Bosque Encantado

Descubre los Secretos y Maravillas Ocultas entre los Árboles Mágicos

RocckytoomsS

Tabla de contenido

La Aventura del Bosque Encantado

Introducción

Bienvenidos a "La Aventura del Bosque Encantado: Descubre los Secretos y Maravillas Ocultas entre los Árboles Mágicos". En estas páginas, te embarcarás en un viaje extraordinario a través de un bosque lleno de magia y misterio. Entre los árboles antiguos y las flores resplandecientes, se esconden criaturas fantásticas y secretos milenarios que esperan ser descubiertos.

Este bosque encantado no es un lugar ordinario; cada rincón tiene una historia que contar, cada sombra oculta una sorpresa y cada rayo de sol ilumina una maravilla. A medida que avances en esta aventura, encontrarás escenas para colorear que darán vida a los cuentos y leyendas del bosque. Los detalles intrincados y los personajes encantadores te invitarán a usar tu imaginación y creatividad.

Así que, toma tus lápices y prepárate para explorar un mundo donde lo imposible se vuelve posible y la magia está en cada trazo. Adéntrate en el Bosque Encantado y déjate sorprender por sus encantos y maravillas. ¡La aventura te espera!

Capítulo 1:

El Descubrimiento del Mapa

En un pequeño y acogedor pueblo al borde de un bosque místico, vivía una niña llamada Mia. Mia era valiente e imaginativa, con un corazón lleno de curiosidad. Le encantaba explorar y soñar con criaturas mágicas. Una tarde soleada, mientras jugaba cerca del bosque, algo brillante llamó su atención.

Se acercó y descubrió un mapa antiguo escondido dentro del tronco hueco de un árbol. El mapa brillaba con una suave luz encantadora y estaba cubierto de símbolos misteriosos. Mia decidió seguir el mapa y descubrir qué secretos guardaba el Bosque Encantado.

Los Lugares de Aventura de Mia

Mia tenía varios lugares favoritos cerca del borde del bosque donde solía aventurarse. Cada uno de estos sitios tenía un encanto especial y alimentaba su imaginación de formas únicas. Mira que interesantes lugares los que le encantaban a Mia:

El Claro de los Sueños: Este es un amplio espacio abierto en medio del bosque, rodeado de altos árboles cuyas copas se entrelazan, formando un techo natural que filtra la luz del sol. Los rayos solares atraviesan las hojas, creando patrones de luz y sombra que danzan en el suelo cubierto de hierba suave y esponjosa. Este ambiente sereno y encantador hace del Claro de los Sueños un lugar especial y mágico.

En el centro del claro, hay un pequeño estanque de aguas cristalinas, donde los renacuajos y las ranas disfrutan jugando. Este estanque refleja la luz, añadiendo un toque de brillo al entorno ya de por sí lleno de encanto. El sonido suave del agua y los ocasionales croar de las ranas crean una atmósfera de tranquilidad y paz.

El Claro de los Sueños es un refugio natural perfecto, ideal para descansar y dejar volar la imaginación. La combinación de la luz filtrada, el suave suelo de hierba y el tranquilo estanque con su vida silvestre ofrece un escenario idílico para soñar despierto y disfrutar de la belleza de la naturaleza.

Es un lugar donde el tiempo parece detenerse, invitando a quien lo visite a sumergirse en un mundo de paz y fantasía.

Mia está sentada en una gran roca junto al estanque, rodeada de un ambiente mágico y pacífico. Los árboles altos forman un techo natural, dejando pasar rayos de sol que crean patrones de luz y sombra en el suelo cubierto de hierba suave. También se pueden ver algunas hadas alrededor, añadiendo a la sensación de magia del lugar.

A Mia le gustaba sentarse en una gran roca junto al estanque, donde inventaba historias sobre hadas que vivían en pequeñas casas hechas de flores y musgo. Lo especial del Claro de los Sueños era la sensación de paz y magia que emanaba, como si fuera un rincón del mundo donde el tiempo se detenía y todo era posible.

El Árbol de los Secretos: En una parte más profunda del bosque, Mia había encontrado un majestuoso roble que se erguía orgulloso, con sus ramas extendiéndose hacia el cielo. Este árbol tenía una característica única: su tronco estaba lleno de pequeños huecos y cavidades, cada uno albergando un secreto del bosque.

En uno de esos huecos, Mia había descubierto un viejo libro de cuentos con ilustraciones encantadoras de criaturas mágicas. Otra vez, encontró una colección de piedras brillantes que parecían tener vida propia.

A Mia le encantaba explorar el Árbol de los Secretos, un majestuoso roble lleno de pequeños huecos y cavidades que ocultaban misterios y tesoros.

Cada visita al árbol era una nueva aventura, ya que siempre descubría algo fascinante, como un viejo libro de cuentos o piedras brillantes con una luz propia. Pero no sólo encontraba tesoros; también dejaba su propia huella.

Mia escribía pequeños mensajes en trozos de papel y los escondía en los huecos del árbol, junto con pequeños regalos como flores secas o conchas que encontraba en sus exploraciones.

Estos obsequios eran su manera de compartir la magia del Árbol de los Secretos con otros aventureros que, al igual que ella, buscaban maravillas en el bosque.

Para Mia, el Árbol de los Secretos era un lugar de intercambio mágico, donde las historias y los sueños de todos los exploradores se entrelazaban.

La Cueva de las Estrellas: En una colina cercana, había una cueva escondida tras una cascada. La entrada estaba cubierta de musgo y enredaderas, pero una vez dentro, la cueva se abría en una amplia cámara. En el techo de la cueva, cristales naturales reflejaban la luz, creando un efecto de estrellas titilando en la oscuridad.

Este lugar era el refugio perfecto para Mia en los días calurosos de verano. Dentro de la cueva, encontró pinturas rupestres antiguas que contaban historias de guerreros y criaturas míticas.

La Cueva de las Estrellas era un lugar muy especial para Mia. Oculta tras una cascada, la cueva se abría a una amplia cámara cuyo techo estaba cubierto de cristales naturales. Estos cristales reflejaban la luz creando un efecto de estrellas titilando en la oscuridad, dando a la cueva un aire mágico y misterioso.

Mia explorando la cueva, admirando el techo lleno de cristales que reflejan la luz como estrellas titilando en la oscuridad, y las pinturas rupestres antiguas que cuentan historias de guerreros y criaturas míticas. El ambiente es mágico y misterioso.

Para Mia, la cueva era como un portal a tiempos antiguos y a historias olvidadas. Las paredes de la cueva estaban adornadas con pinturas rupestres que contaban leyendas de guerreros y criaturas míticas, encendiendo su imaginación y transportándola a mundos lejanos.

En la tranquilidad de la cueva, Mia se sentía libre para soñar y crear sus propias historias, sin las distracciones del mundo exterior.

La Cueva de las Estrellas era su refugio secreto, un lugar donde la magia de su imaginación podía volar libremente y donde cada visita revelaba nuevas maravillas por descubrir.

Otro lugar era "El Jardín Secreto": Cerca del borde del bosque, había un jardín oculto detrás de una vieja cerca cubierta de hiedra. Este jardín estaba lleno de flores de todos los colores, arbustos con bayas dulces y árboles frutales.

En el centro del jardín, una fuente antigua con una estatua de un unicornio derramaba agua cristalina en un estanque lleno de peces dorados.

Mia valoraba profundamente el Jardín Secreto, un rincón oculto detrás de una vieja cerca cubierta de hiedra. Este lugar, lleno de flores de colores brillantes, arbustos con bayas dulces y árboles frutales, era un paraíso de belleza natural y serenidad.

A Mia le encantaba recoger flores para hacer coronas y buscar mariposas que revoloteaban alegremente por el jardín. Lo que hacía especial a este lugar era su belleza escondida y la sensación de que era un refugio mágico que sólo ella conocía.

En el centro del jardín, una antigua fuente con una estatua de unicornio añadía un toque de encanto y misterio, convirtiéndolo en el lugar perfecto para sus juegos y sueños.

Para Mia, el Jardín Secreto era un espacio sagrado, un santuario donde podía escapar del mundo y sumergirse en su imaginación, creando historias y aventuras en un entorno que parecía sacado de un cuento de hadas.

En cada uno de estos lugares, Mia encontraba algo especial: la paz del Claro de los Sueños, los misterios del Árbol de los Secretos, la magia antigua de la Cueva de las Estrellas y la belleza escondida del Jardín Secreto. Estos sitios alimentaban su curiosidad y su amor por la aventura, preparándola para el gran viaje que el mapa mágico le prometía.

Sus ojos brillaban con una curiosidad inagotable, y su risa era tan contagiosa que hacía sonreír a todos en el pueblo. Mia era valiente e imaginativa, con un corazón lleno de sueños y deseos de explorar cada rincón desconocido.

Aquí vemos a Mia sentada en una roca, rodeada de un bosque vibrante y lleno de magia.

A Mia le encantaba pasar sus tardes en el borde del bosque, inventando historias sobre criaturas mágicas y mundos lejanos. Soñaba con hadas, unicornios y gigantes amistosos que vivían más allá de los árboles. Aunque muchos niños de su edad temían el bosque, Mia lo veía como un lugar lleno de maravillas esperando a ser descubiertas.

Una tarde soleada, mientras **Mia jugaba cerca del bosque**, algo brillante llamó su atención. Era un destello dorado que parpadeaba desde un viejo tronco de árbol hueco. Intrigada, Mia se acercó lentamente, con el corazón latiendo de emoción.

Al mirar dentro del tronco, encontró un mapa antiguo, cuidadosamente enrollado y atado con un lazo de seda dorada. El mapa brillaba con una suave luz encantadora y estaba cubierto de símbolos misteriosos que parecían moverse ligeramente bajo la luz del sol.

Mia desató el lazo y desenrolló el mapa con delicadeza. Nunca había visto algo tan fascinante.

Las líneas y símbolos en el pergamino parecían contar una historia antigua y mágica. En el centro del mapa, un camino serpenteaba hacia un punto brillante marcado con un símbolo en forma de estrella.

Mia sabía que este era un descubrimiento especial. "Debe ser un mapa hacia algún lugar mágico en el bosque", pensó. Su corazón se llenó de emoción y curiosidad. Decidió que debía seguir el mapa y descubrir qué secretos guardaba el Bosque Encantado.

Guardó el mapa en su mochila y miró hacia el bosque, que parecía susurrarle, invitándola a entrar. "¡A la aventura!", exclamó Mia con determinación, dando sus primeros pasos hacia lo desconocido. La suave brisa del bosque acarició su rostro, como si el propio bosque la alentara a continuar.

Y así, con el mapa mágico en mano y su corazón lleno de sueños, Mia comenzó su increíble viaje hacia el Bosque Encantado, sin saber que esta aventura cambiaría su vida para siempre.

Capítulo 2:

Encuentro con Luna y Félix

Mia se adentró en el Bosque Encantado, siguiendo las indicaciones del mapa mágico. En su camino, se encontró con Luna, un conejo blanco de pelaje brillante que podía hablar y que se ofreció a ser su guía.

Poco después, apareció Félix, un hada traviesa y de buen corazón, que se unió a la aventura con sus poderes mágicos.

Juntos, Mia, Luna y Félix emprendieron un emocionante viaje lleno de descubrimientos y maravillas, profundizando cada vez más en los secretos del bosque.

Luna: Un conejo blanco que habla, con un pelaje brillante, que se convierte en la guía y amiga de Mia.

Félix: Un hada traviesa pero de buen corazón que ayuda a Mia con sus poderes mágicos.

El Primer Encuentro con Luna

Como dijimos, Mia se adentró en el bosque, con el mapa mágico en mano, siguiendo el camino señalado por sus símbolos brillantes. Los árboles altos y frondosos creaban un dosel de sombras y luces que danzaban en el suelo mientras ella avanzaba. De repente, en medio del silencio del bosque, escuchó una voz suave y amigable.

"Hola, soy Luna."

Mia se giró rápidamente, sorprendida pero curiosa. Delante de ella, entre los helechos y las flores silvestres, estaba un conejo blanco con un pelaje que parecía brillar bajo la luz del sol filtrada. El conejo la miraba con ojos grandes y amables, llenos de sabiduría y ternura.

Mía conversa con Luna

"Te estaba esperando. Soy tu guía en esta aventura", continuó el conejo con una sonrisa.

Mia, fascinada por la aparición del conejo parlante, sonrió de vuelta. "¿Tú eres Luna?" preguntó con asombro.

"Sí", respondió Luna, moviendo sus orejas largas con un gesto amistoso. "Este bosque está lleno de maravillas y secretos. Yo te ayudaré a descubrirlos."

Sin dudarlo, Mia aceptó la ayuda de Luna. Juntos, continuaron el camino señalado en el mapa, con la emoción y la magia del bosque envolviéndolos a cada paso. Para Mia, conocer a Luna fue el comienzo de una aventura aún más mágica y emocionante de lo que había imaginado.

Mia, sorprendida pero emocionada, aceptó con entusiasmo la compañía de Luna, el conejo blanco de pelaje brillante. La idea de tener un guía parlante en su aventura le parecía increíblemente mágica y reconfortante. Luna, con sus ojos amables y su voz suave, inspiraba confianza y seguridad en Mia, quien sentía que su viaje por el Bosque Encantado se volvía aún más especial con este nuevo amigo a su lado.

Mientras avanzaban juntos, Mia y Luna compartieron historias y risas, fortaleciendo rápidamente su lazo de amistad. La presencia de Luna hizo que el bosque pareciera menos intimidante y más lleno de maravillas por descubrir. Poco después, su travesía los llevó a encontrarse con Félix, un hada traviesa y de buen corazón.

El Hada Félix

Félix era un hada pequeña con alas transparentes que brillaban con los colores del arcoíris cuando la luz del sol las tocaba. Su cabello dorado parecía siempre despeinado por el viento, y sus ojos verdes chispeaban con alegría y travesura.

Félix, conocido por su chispeante sentido del humor, siempre encontraba la manera de hacer reír a Mia y Luna, incluso en los momentos más tensos de su aventura.

Félix flota en el aire con su cabello dorado despeinado por el viento y sus alas transparentes que brillan con colores del arcoíris. Rodeado de flores cantantes y piedras transformadas en caramelos coloridos, Félix exclamando con entusiasmo: "¡Vamos, la aventura nos espera!",

Además de su humor, Félix poseía una habilidad especial para la magia. Podía hacer que las flores cantaran, convertir piedras en caramelos y crear senderos iluminados por luciérnagas para guiar a sus amigos en la oscuridad del bosque. Esta combinación de humor y magia añadía un toque de diversión y emoción a su equipo, convirtiendo cada paso de su viaje en una nueva oportunidad para la maravilla y la risa.

"¡Vamos, la aventura nos espera!", exclamó Félix con entusiasmo, agitándose en el aire y lanzando chispas de luz alrededor. Mia y Luna no pudieron evitar sonreír y seguirlo, sintiendo cómo la emoción y la magia del Bosque Encantado se intensificaban con cada paso.

Juntos, el trío inseparable continuó su viaje hacia el corazón del Bosque Encantado, enfrentando desafíos, descubriendo secretos y formando una amistad inquebrantable en su búsqueda de los misterios mágicos que el bosque les tenía preparados.

Félix, con su espíritu vivaz y su habilidad para transformar lo ordinario en extraordinario, se convirtió en una pieza fundamental del equipo, haciendo que cada momento de la aventura fuera inolvidable.

Su presencia siempre añadía un toque de magia y diversión, transformando situaciones comunes en experiencias maravillosas. Con un simple gesto, podía hacer que las flores cantaran melodías alegres o que las piedras se convirtieran en deliciosos caramelos, sorprendiendo y encantando a Mia y Luna.

Además, Félix sabía cómo iluminar el camino con luciérnagas cuando la oscuridad caía, asegurando que la aventura nunca se detuviera. Su chispeante sentido del humor y su habilidad para encontrar la maravilla en cada rincón del bosque encantado mantuvieron al equipo lleno de energía y entusiasmo.

Gracias a Félix, cada paso de su viaje se convirtió en una oportunidad para la risa y el asombro, solidificando su amistad y haciendo que su travesía por el Bosque Encantado fuera verdaderamente mágica.

Capítulo 3:

El Acertijo del Roble Antiguo

Mientras caminaban por el Bosque Encantado, Mia, Luna y Félix llegaron a un roble imponente y antiguo. El árbol se destacaba por su tamaño majestuoso y sus ramas retorcidas que parecían tocar el cielo.

La corteza del roble tenía una textura rugosa y en ella se formaba una cara sabia y serena, que miraba a los aventureros con ojos llenos de conocimiento ancestral.

De repente, una voz profunda y sabia resonó desde el árbol, diciendo: "Debes resolver mi acertijo para continuar". Era Thorn, el espíritu del árbol, guardián de los secretos del bosque.

La voz de Thorn tenía un tono calmado pero autoritario, que llenaba de respeto a los presentes. Mia, sintiendo la importancia del momento, se acercó más al roble, dispuesta a aceptar el desafío.

Sabía que resolver el acertijo de Thorn sería crucial para seguir adelante en su aventura y descubrir los misterios del Bosque Encantado.

Thorn, el espíritu del árbol, guardián de los secretos del bosque.

Mia, Luna y Félix se enfrentan a un imponente y antiguo roble con ramas retorcidas y una cara sabia formada por la corteza.

Mia, con la ayuda de Luna y Félix, se enfrentó al acertijo de Thorn con una mezcla de nerviosismo y determinación. Thorn planteó un enigma complejo que requería tanto lógica como creatividad para resolverlo. El acertijo era: "Soy alto cuando soy joven y bajo cuando soy viejo. ¿Qué soy?"

Mia frunció el ceño, concentrándose en las palabras de Thorn. Luna, con su mente aguda y su conocimiento del bosque, sugirió que pensaran en algo que cambiara de tamaño con el tiempo. Félix, con su naturaleza chispeante y su habilidad para ver más allá de lo evidente, propuso ideas inusuales, alentando a Mia a pensar fuera de lo común.

Después de un momento de reflexión, Mia tuvo una epifanía. "¡Una vela!" exclamó. "Una vela es alta cuando es nueva y se vuelve más corta a medida que se consume."

Thorn asintió, satisfecho con la respuesta. "Has demostrado ingenio y valentía, Mia. Pero más importante, has mostrado el valor del trabajo en equipo. Luna y Félix, tu apoyo y creatividad fueron esenciales para resolver este enigma."

Impresionado por la inteligencia y la colaboración del grupo, Thorn decidió recompensar su esfuerzo. "Ahora, puedo ver que sois dignos de continuar. Permitidme ofreceros un consejo valioso sobre el bosque," dijo Thorn. Les explicó sobre los caminos secretos del bosque, las plantas curativas escondidas y las criaturas mágicas que podrían encontrar en su travesía.

Con estos nuevos conocimientos, Mia y sus amigos se sintieron más preparados y confiados para continuar su aventura. Thorn se despidió de ellos con una sonrisa sabia y la promesa de que siempre estaría allí para ayudarlos si alguna vez necesitaran su sabiduría nuevamente.

La profunda voz del espíritu del árbol resonó en el aire, infundiendo a Mia, Luna y Félix una sensación de seguridad y esperanza. "Recordad, siempre podéis contar con el bosque y conmigo," dijo Thorn, sus ojos llenos de bondad.

Con este valioso apoyo, el grupo se sintió más unido y fortalecido. Mia, Luna y Félix intercambiaron miradas de complicidad y determinación, sabiendo que juntos podían superar cualquier obstáculo. La experiencia de resolver el acertijo y recibir los conocimientos de Thorn había profundizado su amistad y su confianza mutua.

Llenos de renovada energía y entusiasmo, continuaron su viaje hacia lo desconocido, preparados para enfrentar los próximos desafíos que el Bosque Encantado les tenía reservados.

La aventura apenas comenzaba, y el grupo avanzaba con corazones valientes y mentes curiosas, listos para descubrir todos los secretos y maravillas que el bosque les ofrecía.

Capítulo 4:

Superando al Hechicero de las Sombras

Mia, Luna y Félix llegaron a la entrada del reino oculto, donde el temido Hechicero de las Sombras los esperaba.

El hechicero, una figura alta y amenazante con túnicas oscuras y ojos brillantes, les bloqueaba el paso frente a un antiguo portón cubierto de runas misteriosas.

"Para continuar, debéis superar mi desafío final", declaró con voz profunda y resonante. Sin amedrentarse, el trío unió fuerzas, combinando su ingenio, valentía y magia.

Félix utilizó su habilidad para iluminar el área con chispas de luz, revelando pistas ocultas en las runas. Luna, con su aguda mente, descifró los símbolos, mientras Mia, con su coraje inquebrantable, resolvió el enigma planteado por el hechicero. Impresionado por su trabajo en equipo y determinación, el Hechicero de las Sombras sonrió levemente y se hizo a un lado, permitiéndoles el paso.

Con el camino despejado, Mia y sus amigos avanzaron hacia el reino oculto, llenos de emoción y expectativa.

Al cruzar el antiguo portón, se encontraron en un mundo completamente nuevo y mágico. El aire estaba impregnado de un aroma dulce, y el paisaje era una mezcla de colores brillantes y elementos fantásticos. Islas flotantes surcaban el cielo, ríos de caramelo fluían serenamente, y castillos de cristal brillaban a la distancia, reflejando la luz del sol en millones de destellos.

Mia, Luna y Félix exploraban con ojos asombrados y corazones llenos de alegría. Conscientes de que cada rincón del reino oculto estaba lleno de secretos y aventuras, Mia, Luna y Félix se adentraron en este mundo de ensueño con una mezcla de emoción y curiosidad.

El reino, con su paisaje vibrante y sus maravillas mágicas, prometía descubrimientos fascinantes en cada paso. Los amigos sabían que el reino oculto estaba repleto de misterios por desentrañar y que cada elemento mágico podía ofrecerles nuevas experiencias y desafíos.

Mientras exploraban, se encontraban con paisajes deslumbrantes como campos de flores luminosas que cambiaban de color con el sol, cascadas de cristal que producía melodías suaves y criaturas fantásticas que les contaban historias de tiempos antiguos.

Cada nueva maravilla no solo los asombraba, sino que también les ofrecía lecciones valiosas sobre la amistad, el coraje y la imaginación.

Una valiosa enseñanza sobre el trabajo en equipo

Este viaje en el reino oculto brindó a Mia, Luna y Félix una valiosa enseñanza sobre la importancia de la amistad y el trabajo en equipo. A medida que enfrentaban juntos cada desafío, aprendieron que la colaboración y el apoyo mutuo son esenciales para superar obstáculos. Cada descubrimiento y aventura compartida no solo fortaleció su vínculo, sino que también les mostró que los logros y las alegrías son más significativos cuando se comparten con amigos.

La experiencia en el reino oculto les enseñó a valorar las diferencias y habilidades únicas de cada uno. Félix, con su magia y humor, Luna, con su sabiduría y agudeza, y Mia, con su valentía y curiosidad, se complementaron perfectamente, demostrando que cada miembro del equipo aporta algo invaluable. Esta comprensión de la importancia de la cooperación y el respeto mutuo dejó una huella duradera en sus corazones.

Además, su travesía les inculcó una mayor apreciación por la magia y el misterio del mundo. Al explorar un lugar tan fantástico, se dieron cuenta de que el asombro y la curiosidad son fuerzas poderosas que pueden enriquecer la vida. La aventura en el reino oculto no solo les dejó recuerdos inolvidables, sino también una perspectiva más abierta y apreciativa hacia las maravillas que los rodean.

El hechicero, una figura alta y ominosa

El hechicero, una figura alta y ominosa con túnicas oscuras y ojos brillantes, se interpone ante un gran y antiguo portón cubierto de runas misteriosas.

Capítulo 5:

El Reino Oculto

Mia, Luna y Félix entraron en el reino oculto y quedaron asombrados por lo que encontraron. Al atravesar el antiguo portón, se vieron rodeados por un paisaje de ensueño que superaba cualquier cosa que hubieran imaginado. El aire estaba impregnado de un dulce aroma, y todo a su alrededor parecía brillar con una luz mágica.

Árboles cuyas hojas eran de oro puro se alzaban majestuosos, reflejando los rayos del sol en deslumbrantes destellos.

Ríos de caramelo fluían suavemente, y puentes de arcoíris conectaban islas flotantes que se movían lentamente por el cielo.

Animales parlantes se acercaban a ellos, compartiendo historias antiguas llenas de sabiduría y maravilla. Un ciervo dorado les narró leyendas sobre los primeros habitantes del reino, mientras un grupo de pájaros azules les cantaba melodías armoniosas. Las flores, de colores vivos y brillantes, cantaban en coro, creando una sinfonía natural que llenaba el aire de alegría.

Mia, Luna y Félix exploraron cada rincón con asombro y curiosidad. Encontraron castillos de cristal que brillaban como diamantes y jardines secretos con plantas curativas que emanaban una luz suave.

Cada descubrimiento era más increíble que el anterior, y cada paso que daban revelaba nuevas maravillas que avivaban su espíritu aventurero.

A medida que se adentraban más en el reino oculto, Mia, Luna y Félix descubrieron que este lugar no solo estaba lleno de una belleza deslumbrante, sino también de lecciones profundas y significativas. Cada encuentro y cada maravilla les enseñaba algo nuevo.

Al colaborar con los animales parlantes y descifrar las historias antiguas narradas por el ciervo dorado, comprendieron el inmenso valor del trabajo en equipo. Aprendieron que la verdadera fuerza residía en la unidad y la cooperación, y que juntos podían lograr mucho más de lo que podrían solos.

La constante exposición a elementos mágicos y fantásticos también les mostró la importancia de la imaginación. Las islas flotantes, los ríos de caramelo y los puentes de arcoíris les recordaron que el poder de soñar y crear con la mente es ilimitado. Este reino les enseñó que la imaginación es una herramienta poderosa que puede transformar la realidad y abrir puertas a nuevas posibilidades.

Además, la experiencia les inculcó la magia que existe cuando uno se atreve a soñar. Cada paso en el reino oculto era un testimonio del poder de los sueños y la valentía necesaria para perseguirlos.

La belleza y la maravilla que encontraron les inspiraron a seguir soñando y creyendo en lo imposible, sabiendo que la verdadera magia reside en atreverse a imaginar y explorar lo desconocido.

Estas lecciones, combinadas con la fortaleza de su amistad, hicieron que su aventura fuera no solo inolvidable, sino también profundamente enriquecedora.

La experiencia en el reino oculto fortaleció su amistad y les dejó recuerdos imborrables, y una comprensión más profunda de la magia y el misterio del mundo.

Había islas flotantes, ríos de caramelo

Había islas flotantes, ríos de caramelo y castillos de cristal. Explorar este mundo fantástico les enseñó valiosas lecciones sobre la amistad, el coraje y la magia de la imaginación. Durante su viaje por el reino oculto,

Mia descubrió que la verdadera magia no solo se encontraba en los elementos fantásticos que la rodeaban, sino también dentro de ella misma y en la fortaleza de sus amistades.

A través de los desafíos que enfrentó junto a Luna y Félix, aprendió que la confianza en uno mismo es esencial para superar obstáculos.

Cada vez que se encontraba en una situación difícil, recordar su valor y habilidades le dio la fuerza necesaria para avanzar.

Además, Mia se dio cuenta de que el apoyo de sus amigos era una fuente invaluable de poder. Luna y Félix no solo la ayudaban con sus conocimientos y habilidades mágicas, sino que también la animaban y le brindaban consuelo en los momentos de duda.

Esta combinación de auto-confianza y la confianza en sus amigos le mostró que la verdadera magia no siempre es visible, pero es increíblemente poderosa cuando se cree en uno mismo y en el poder de la amistad.

Moral de la Historia

La moral de la historia "La Aventura del Bosque Encantado" ofrece valiosas lecciones a los niños sobre la importancia de la curiosidad, el coraje y la colaboración.

A través de las aventuras de Mia, Luna y Félix, los niños aprenden que la curiosidad es una herramienta poderosa que les permite descubrir nuevos mundos y conocimientos.

La curiosidad de Mia la llevó a encontrar el mapa mágico y a adentrarse en el Bosque Encantado, demostrando que explorar y hacer preguntas puede abrir puertas a experiencias maravillosas.

El coraje es otro tema central de la historia. Mia mostró valentía al enfrentar los desafíos del bosque y al resolver el acertijo de Thorn. Esta valentía es una inspiración para los niños, enseñándoles que enfrentar sus miedos y ser valientes puede conducir a grandes logros y aventuras emocionantes.

La colaboración es esencial en "La Aventura del Bosque Encantado". Mia, Luna y Félix trabajan juntos para superar obstáculos y desentrañar los misterios del bosque. Cada uno aporta sus habilidades y conocimientos únicos, mostrando a los niños que el trabajo en equipo y la colaboración son fundamentales para alcanzar objetivos comunes.

La historia también enfatiza la importancia de creer en uno mismo y en el poder de la imaginación. A medida que Mia y sus amigos exploran el reino oculto, descubren que la verdadera magia reside en su capacidad para soñar y en la fuerza de sus amistades.

Esta lección anima a los niños a confiar en sus propias habilidades y a valorar la creatividad, destacando la alegría de hacer nuevos amigos y trabajar juntos para superar desafíos.

Actividades para el Libro de Colorear

Páginas para colorear: Escenas del Bosque Encantado, criaturas mágicas y el reino oculto.

Acertijos y Enigmas:

Acertijos simples y enigmas similares a los que Mia encuentra.

Seis acertijos y enigmas similares a los que Mia podría encontrar en su aventura en el Bosque Encantado:

Acertijo 1:

Enigma de las Flores Cantoras

- **Pregunta:** "Soy una flor que canta cuando el sol se oculta. ¿Qué soy?"
- **Pista:** Piensa en flores que se abren y cierran en diferentes momentos del día.
- **Respuesta:** "La flor de la luna."

Acertijo 2:

Enigma del Puente de Arcoíris

- **Pregunta:** "Cruzo ríos sin mojarme, y llego al cielo sin volar. ¿Qué soy?"
- **Pista:** Se forma después de la lluvia y tiene muchos colores.
- **Respuesta:** "Un arcoíris."

Acertijo 3:

Enigma del Árbol Dorado

- **Pregunta:** "Soy alto cuando soy joven y bajo cuando soy viejo. ¿Qué soy?"
- **Pista:** Piensa en algo que cambia de tamaño a medida que se consume.
- **Respuesta:** "Una vela."

Acertijo 4:

Enigma del Río de Caramelo

- **Pregunta:** "Fluyo sin cesar, pero nunca me desplazo. ¿Qué soy?"
- **Pista:** Imagina algo que se mueve constantemente pero no cambia de lugar.
- **Respuesta:** "Un río."

Acertijo 5:

Enigma del Bosque Encantado

- **Pregunta:** "Tengo ramas, pero no hojas; tengo tronco, pero no soy un árbol. ¿Qué soy?"
- **Pista:** Piensa en algo relacionado con conocimiento y sabiduría.
- **Respuesta:** "Un libro."

Acertijo 6:

Enigma del Hechicero de las Sombras

- **Pregunta:** "Cuanto más quitas, más grande me hago. ¿Qué soy?"
- **Pista:** Aparece cuando se elimina algo sólido.
- **Respuesta:** "Un agujero."

Estos acertijos y enigmas ofrecen un desafío divertido y educativo para los niños, al igual que los que Mia encuentra en su aventura.

Página en blanco para que el niño dibuje su propio bosque mágico.

Mi Mapa del Bosque Encantado

1. Explorando el Bosque Mágico

2. Rutas Secretas del Bosque

3. El Camino a la Aventura

4. Descubre Mi Bosque Fantástico

5. Lugares Mágicos y Misteriosos

Imágenes en blanco y negro para colorear de los personajes de la historia:

Mia - Una joven aventurera con cabello rizado.

Luna - Un conejo blanco que habla, con una expresión amigable y sabia.

Félix - Un hada con cabello dorado despeinado y alas transparentes.

Thorn - El espíritu del árbol, un roble imponente con una cara sabia.

Hechicero de las Sombras - Una figura alta y ominosa con túnicas oscuras y ojos brillantes.

Cada imagen está detallada y lista para ser coloreada, capturando la esencia mágica y aventurera de cada personaje.

Conclusión

Después de una increíble travesía a través del Bosque Encantado, Mia ha descubierto que el verdadero tesoro no era solo el reino oculto, sino también las experiencias y amigos mágicos que encontró en el camino. A lo largo de su aventura, aprendió valiosas lecciones sobre valentía, amistad y la importancia de seguir sus sueños.

El mapa antiguo y brillante no solo la guió por senderos mágicos, sino que también iluminó su corazón con un nuevo sentido de maravilla y curiosidad. Ahora, cada vez que mira el bosque desde su ventana, Mia recuerda con cariño las criaturas mágicas y los secretos que compartieron con ella.

Mia regresó a su pequeño y acogedor pueblo con historias increíbles para contar y un brillo en los ojos que nunca antes había tenido. Aunque su aventura en el Bosque Encantado ha llegado a su fin, las enseñanzas y recuerdos perdurarán para siempre.

Así que, al cerrar este libro, recuerda que la magia está en todas partes, solo hay que saber dónde buscarla. Sigue explorando, soñando y creyendo en lo imposible, porque, como Mia ha aprendido, los secretos y maravillas están ocultos justo a la vuelta de la esquina, esperando ser descubiertos.

¡Gracias por acompañarnos en esta mágica aventura! ¡Hasta la próxima exploración!

ESQUEMA SEGUIDO EN ESTE LIBRO

Resumen de la trama: En un pequeño y acogedor pueblo situado al borde de un bosque místico, vive una niña curiosa e imaginativa llamada Mia. A Mia le encanta explorar y soñar con criaturas mágicas. Una tarde soleada, mientras juega cerca del bosque, Mia descubre un mapa antiguo y brillante escondido dentro del tronco hueco de un árbol. El mapa revela el camino hacia un reino oculto en lo profundo del Bosque Encantado, donde la magia y la maravilla esperan.

Personajes principales:

1. **Mia**: Una niña valiente e imaginativa con un corazón lleno de curiosidad y una habilidad para resolver acertijos.

2. **Luna**: Un conejo blanco que habla, con un pelaje brillante, que se convierte en la guía y amiga de Mia.

3. **Félix**: Un hada traviesa pero de buen corazón que ayuda a Mia con sus poderes mágicos.

4. **Thorn**: Un sabio espíritu de árbol que proporciona a Mia conocimientos cruciales sobre el bosque.

5. **El Hechicero de las Sombras**: Una figura misteriosa que guarda la entrada al reino oculto y debe ser superada para obtener acceso.

Elementos clave:

- **El Mapa Mágico**: El mapa brilla con una suave luz encantadora y está cubierto de símbolos que Mia y sus amigos deben descifrar.

- **El Bosque Encantado**: Un lugar vibrante y colorido lleno de animales que hablan, plantas luminosas y caminos secretos.

- **El Reino Oculto**: Un mundo fantástico dentro del bosque donde todo es posible: islas flotantes, ríos de caramelo y castillos de cristal.

Destacados de la historia:

1. **Descubrimiento del Mapa**: Mia encuentra el mapa mágico y decide seguirlo hasta el Bosque Encantado.

2. **Encuentro con Luna y Félix**: Mia encuentra a Luna el conejo y a Félix el hada, quienes se unen a ella en la búsqueda.

3. **El Acertijo del Roble Antiguo**: Deben resolver un acertijo presentado por Thorn, el espíritu del árbol, para continuar su viaje.

4. **Superando al Hechicero de las Sombras**: Usando ingenio y trabajo en equipo, Mia y sus amigos superan al Hechicero de las Sombras para desbloquear la entrada al reino oculto.

5. **El Reino Oculto**: Mia explora el reino oculto, descubriendo vistas increíbles y aprendiendo valiosas lecciones sobre la amistad, la valentía y la magia de la imaginación.

Moral de la historia: La Aventura del Bosque Encantado enseña a los niños la importancia de la curiosidad, el coraje y la colaboración. Los anima a creer en sí mismos y en el poder de su imaginación, mientras destaca la alegría de hacer nuevos amigos y trabajar juntos para superar desafíos.

Actividades para el libro de colorear:

- **Páginas para colorear**: Escenas del Bosque Encantado, criaturas mágicas y el reino oculto.

- **Acertijos y Enigmas**: Acertijos simples y enigmas similares a los que Mia encuentra.

- **Crea tu propio mapa**: Una página en blanco para que los niños dibujen su propio bosque mágico.

- **Perfiles de personajes**: Páginas para colorear y aprender sobre cada personaje.

- **Objetos ocultos**: Encontrar objetos ocultos dentro de escenas detalladas del bosque.